LIDERANÇA

Habilidades Definitivas Para Se Tornar Um Líder
Influente E Tomar Grandes Decisões

(Adquira Poderosos Habilidades E Habilidades De
Liderança Rápidas)

Cody Cruz

Traduzido por Daniel Heath

Cody Cruz

Liderança: Habilidades Definitivas Para Se Tornar Um Líder
Influente E Tomar Grandes Decisões (Adquira Poderosos
Habilidades E Habilidades De Liderança Rápidas)

ISBN 978-1-989837-63-4

Termos e Condições

De modo nenhum é permitido reproduzir, duplicar ou até mesmo transmitir qualquer parte deste documento em meios eletrônicos ou impressos. A gravação desta publicação é estritamente proibida e qualquer armazenamento deste documento não é permitido, a menos que haja permissão por escrito do editor. Todos os direitos são reservados.

As informações fornecidas neste documento são declaradas verdadeiras e consistentes, na medida em que qualquer responsabilidade, em termos de desatenção ou de outra forma, por qualquer uso ou abuso de quaisquer políticas, processos ou instruções contidas, é de responsabilidade exclusiva e pessoal do leitor destinatário. Sob nenhuma circunstância qualquer, responsabilidade legal ou culpa será imposta ao editor por qualquer reparação, dano ou perda monetária devida às informações aqui contidas, direta ou indiretamente. Os respectivos autores são proprietários de

responsáveis por quaisquer perdas, diretas ou indiretas, que venham a ocorrer como resultado do uso de informações contidas neste documento, incluindo, mas não limitado a, erros, omissões, ou imprecisões.

Índice

Parte 1

Introdução

Este livro contém passos e estratégias comprovadas de como se tornar um líder melhor do que você já é agora e, ao mesmo tempo, tornar-se uma pessoa melhor.

Você irá aprender aqui quais são as dez principais habilidades que você deve aprimorar se quiser se tornar um grande líder, tanto no ambiente de trabalho quanto na vida pessoal. Não se subestime, você tem potencial para se tornar o tipo de líder com quem as pessoas se sentiriam honradas em trabalhar. Você pode ser o tipo de pessoa que inspira os outros a fazerem o melhor que podem e a se superarem.

Até o final deste livro, você irá aprender sobre as habilidades nas quais deve trabalhar (sim, você já tem as ferramentas necessárias para isso) e a como usá-las a seu favor.

Obrigado novamente por ter baixado este livro. Espero que goste!

Capítulo 1 – Aprenda a se comunicar devidamente

Você já teve que lidar com um gerente que sempre parece te dar problemas, mas você não faz nem ideia do que ele está falando? Um verdadeiro líder não é uma pessoa que sempre diz para seus subordinados pararem de estragar tudo e fazerem melhor, sem dizer o que ele realmente quer que aconteça. Se você quer ser um verdadeiro líder, entenda que os outros não conseguem ler a sua mente. Você precisa falar para eles quais são seus pensamentos e como eles devem lidar com certas tarefas; em outras palavras, é necessário se comunicar melhor.

Verdadeiros líderes têm um certo domínio sobre todas as formas de comunicação. Eles conhecem bem as tarefas individuais, os departamentos, sabem como convocar a equipe, e também a se comunicar por escrito (mensagens de texto, email e posts em redes sociais). A maioria das pessoas, porém, confundem ser um bom comunicador com ter um vocabulário vasto. Sim, você pode ser eloquente, mas isso não quer dizer que as outras pessoas irão entender o que você está falando.

Se compartilhar os seus pensamentos não é o seu forte, aqui estão algumas dicas de como melhorar suas habilidades de comunicação:

Seja um bom ouvinte – A comunicação é uma via de mão dupla. Não se trata de apenas uma oportunidade de falar, é necessário tambbém levar em consideração os pensamentos dos outros. Quando outra pessoa está falando, ouça-a intencionalmente e tente absorver o máximo de informação que puder. Um bônus de ser um bom ouvinte é que a maioria das pessoas provavelmente vai agir da mesma forma quando for a sua vez de falar.

Espere a sua vez de falar – Nunca interrompa alguém que está falando, pois vai parecer que você o está confrontando. Garantir que sua voz seja ouvida é esperar por uma brecha na conversa antes de começar a falar. Até mesmo quando for uma conversa em grupo, como em uma reunião, deve-se esperar uma pausa para intervir. E então, quando finalmente for sua vez de falar, pode ter certeza de que terá a atenção completa do grupo.

Responda brevemente, de forma concisa — Se você demorar muito até chegar ao ponto, vai parecer que ama ouvir o som da sua voz. Quando for responder a perguntas em grupo, dê respostas curtas e simples, mostrando, assim, que você valoriza o tempo dos outros. Respostas curtas e concisas vão direto ao ponto e são mais eficazes; longos discursos só vão entediar e frustrar seus ouvintes.

Não seja aquele que tem que comentar em tudo — Se você quer ser respeitado, não faça comentários simplesmente por fazer. É bem mais fácil não dar ouvidos a alguém que sempre tem algo a comentar; já quando uma pessoa que geralmente é mais quieta fala de repente, e tem algo relevante a dizer, ela vai capturar a atenção do grupo.

Valorize os outros, e então compartilhe seus pensamentos – Ouvir alguém falar não é o suficiente. Se você quer ser um bom líder, precisa mostrar à sua equipe que realmente entendeu o que eles disseram e que valoriza isso. Para que isso seja possível, é necessário reafirmar a ideia da pessoa, validando-a, e só então acrescentar sua própria perspectiva à discussão. As pessoas ficarão mais abertas à sua ideia ao saberem que você também valoriza os pensamentos delas.

Tornar-se um bom comunicador é o primeiro passo para se tornar um bom líder. Agora que já demos o pontapé inicial, vamos às outras habilidades que precisam ser desenvolvidas para que você se torne o tipo de líder que sempre quis ser.

Capítulo 2 – Aprenda a motivar os outros

Se a sua equipe só trabalha duro por medo da bronca que vão levar caso não o façam, então você não está sendo um bom líder. Um bom líder motiva os outros a trabalhar mais porque não querem desapontá-lo, assim como crianças que tentam agradar aos pais. Motive sua equipe a se tornar pessoas que te deixem orgulhoso, e que também possam se orgulhar de si mesmas.

Empregados motivados são mais produtivos, o que irá facilitar com que os objetivos sejam atingidos mais rapidamente e com resultados mais consistentes. Se você é um líder que consegue motivar as pessoas que trabalham para você, então a organização irá te valorizar mais, o que também vai te motivar a ser melhor; é um ciclo contínuo de positividade.

Para te ajudar a começar, aqui estão algumas dicas que irão te ajudar a se tornar um líder carismático e motivador:

Valorize o salário dos membros da sua equipe – Não é justo presumir que sua equipe vai continuar na sua empresa só porque eles gostam de você como pessoa; é necessário pagá-los justamente. As estatísticas mostram que as pessoas deixariam seus empregos atuais se oferecidas até mesmo um aumento de cinco por cento nos seus salários, então não arrisque perder membros importantes da equipe só porque não são bem pagos.

Ofereça oportunidades de crescimento – Ninguém quer ficar preso em um trabalho sem perspectiva de crescimento. Por isso é preciso dizer à sua equipe que há definitivamente uma possibilidade de subir na hierarquia da empresa com o tempo. Não prometa, entretanto, o que não vai poder cumprir. Você precisa cumprir sua palavra e realmente ajudar os membros da sua equipe a terem uma carreira de sucesso. Por exemplo, você pode promover treinamentos de habilidades adicionais que irão aumentar o valor deles como fumcionários; forme-os como pessoas que consigam se manter de pé mesmo quando mudarem de posição.

Encoraje sugestões dos funcionários, e, caso sejam boas, implante-as – Uma das maiores razões pelas quais os empregados não se sentem motivados no trabalho é porque sentem que são apenas uma parte insignificante da organização, e é seu trabalho como líder da equipe tirar essa ideia da cabeça deles. É preciso encorajá-los a participar das discussões, pedir que deem ideias que possam melhorar o desempenho da empresa. Se os membros da sua equipe te dão boas ideias, aplique-as realmente, e então recompense-os pelo trabalho que fizeram. Isso irá motivá-los a trabalhar mais ainda e a pensar em mais maneiras de ajudar no crescimento da empresa.

Não puna o fracasso – Palavras e atitudes negativas não geram nada de bom. Se sua equipe for punida e humilhada porque cometeram algum erro, tal atitude só estará criando animosidade entre vocês. Em vez de tratar erros bobos como fracasso, encare-os como oportunidades de aprendizado. Em vez de repreendê-los, mostre-os como lidar com o incidente e consertar o erro, ou pelo menos evitar que piore. Quando alguém da sua equipe cometer um erro, mostre-o como realizar a tarefa corretamente e então peça-o que tente novamente.

Defina objetivos claros – Uma das coisas mais frustrantes em ser um empregado é não saber o porquê de trabalhar tanto. Se você simplesmente der uma tarefa específica a alguém sem dizer para que ela servirá, esse membro da equipe vai sentir que não está desempenhando um papel importante na empresa. Ao designar tarefas à sua equipe, diga como a contribuição deles irá ajudar a atingir um objetivo maior. Esse ato simples dará uma noção de propósito à equipe, e também uma sensação de responsabilidade, o que os fará querer trabalhar melhor por saberem que seus papéis são importantes.

Motivar e inspirar os membros da equipe é uma das tarefas mais importantes de um bom líder. Seu papel como líder não é só fazer sua equipe trabalhar duro, você precisa fazer com que eles "queiram" trabalhar melhor; eles precisam ser motivados por você, não só porque querem ser pagos, mas porque querem que suas conquistas sejam reconhecidas também.

Capítulo 3 – Aprenda a quando e como delegar tarefas

Muitas pessoas erroneamente acreditam que grandes líderes realizam a maior parte das tarefas da equipe sozinhos, o que realmente não é o caso. Primeiro, assumir muitas tarefas só vai tornar o líder menos produtivo e pode até atrapalhá-lo no cumprimento delas. Outro problema é que faz parecer que o líder nem sequer confia na equipe fazendo seus respectivos trabalhos, causando uma grande bagunça de sentimentos negativos.

Um bom líder sabe como identificar os pontos fortes de cada membro da equipe, e atribui a eles as tarefas correspondentes às habilidades que mostram. Ao delegar tarefas à sua equipe, você estará livre para focar naquelas que realmente exigem mais da sua atenção.

Se você tem dificuldade em delegar tarefas, ou não tem a menor ideia de como fazê-lo, aqui vão algumas dicas:

Não espere perfeição – Além de ser impossível, visar resultados perfeitos vai também esgotar toda a motivação da sua equipe. Lembre que o sentido de distribuir as tarefas é chegar ao objetivo de forma eficaz; ninguém está tentando criar uma obra-prima. Estabeleça um padrão de qualidade razoável e um prazo decente para sua equipe terminar suas incumbências. Diga à sua equipe quais são suas expectativas, e deixe-os decidir como fariam o trabalho.

Providencie instruções amplas à sua equipe – Ao delegar tarefas, é preciso também ter certeza de que se está dando toda a informação necessária à equipe para que eles as realizem corretamente. Não dê instruções vagas e pense que eles sabem o que você quis dizer. Antes de deixá-los trabalhando, confirme que eles entenderam o que você espera que façam, e que compreendem e aceitam as suas condições.

Cheque o progresso de tempo em tempo – Não há nada errado em se "intrometer" e pedir uma atualização à equipe quanto às tarefas, mas você deve fazer isso com moderação. Não fique em cima deles o tempo todo. O motivo pelo qual você está delegando é para que possa focar em outras tarefas. Então não os incomode quando estão trabalhando.

Confie na sua equipe – Uma vez as tarefas foram delegadas, confie que sua equipe pode fazê-las do seu próprio modo. Dê liberdade para que eles possam lidar com as tarefas da maneira que pensam ser a melhor. É bom, entretanto, checar o trabalho deles de vez em quando para dar algumas dicas e ajudar quando estiverem com algum problema.

Aprenda a esquecer – Pare de pensar que você é a única pessoa que pode fazer o trabalho da maneira certa. Só porque os membros da sua equipe fazem as coisas de outro modo não quer dizer que não vão fazer certo. Se você já passou as suas expectativas e o padrão que a equipe deve seguir a fim de atingir os objetivos, então os métodos usados não deverão ser um problema. Você pode até se surpreender em como a sua equipe consegue realizar as tarefas de uma maneira muito mais eficiente.

Delegar não é um sinal de fraqueza, nem quer dizer que você está fugindo das tarefas que não gosta de fazer. Ao atribuir incumbências à sua equipe, você está mostrando que confia que eles farão um bom trabalho, e que os considera importantes para a empresa.

Capítulo 4 – Aprenda a permanecer positivo

Você já teve um líder que sempre reclamava de tudo acontecer contra ele? Já conheceu alguém que coloca a culpa de tudo nos outros e nunca parece assumir os próprios erros? Esse tipo de pessoa não serve para liderar. Na verdade, não deveria fazer parte de nenhuma equipe, porque desse jeito só irá arrastar todos os outros para baixo com ela. Para se tornar um bom líder, alguém que as pessoas gostariam de seguir até os confins da terra, você precisa ter uma atitude positiva, até mesmo quando as coisas parecem estar dando errado.

Ser uma pessoa positiva pode ajudar muito no ambiente de trabalho. Aprenda a rir de si mesmo quando seus planos não acontecem do jeito que você queria. Ter um líder positivo torna o ambiente de trabalho um lugar alegre e saudável, até mesmo quando a empresa está passando por problemas financeiros. Se você é um líder, pode fazer com que a positividade seja promovida no trabalho. Pequenas ações como:

Perguntar sobre os planos para as férias dos membros da sua equipe, talvez até sugerir algumas atividades que ache que seriam interessante para eles.

Praticar a atitude da gratidão. Sempre mostrar a alguém que completar uma tarefa a sua aprovação, do jeitinho que você puder.

Cumprimentar a todos com um sorriso no rosto e/ou um aperto de mão caloroso ou um tapinha no ombro. Gestos simples como esses, especialmente se vierem de alguém que eles respeitam, serão suficientes para dar uma alegrada em qualquer funcionário.

Aprenda a apreciar até mesmo os pequenos ganhos. Parabenize sua equipe até pelo menor sucesso que eles conquistarem até aqui. Por exemplo, se conseguiram aumentar as vendas em 1% ou 2%, trate disso como se fosse algo grandioso e que não seria possível de se alcançar sem a ajuda deles.

Não seja o problema. O objetivo é remover completamente toda negatividade do ambiente de trabalho. Não seja você aquele que começa a ser negativo. Pare de reclamar das coisas ruins que aconteceram, que estavam fora do seu controle. E tente se prevenir de qualquer drama que possa ocorrer no trabalho. Sempre.

Se achar que o ambiente está ficando tóxico, e que isso está começando a afetar o desempenho da equipe, então é hora de você ser a fonte da positividade. Se sua equipe percebe que você não se deixa afetar pela negatividade que está te cercando, isso irá acalmá-los e permitir que possam trabalhar sem nenhum tipo de estresse.

Capítulo 5 – Aprenda a ser confiável

Sua equipe precisa se sentir confortável em falar com você quando tiver perguntas ou preocupações. É preciso mostrar integridade para que você seja respeitado e sua liderança valorizada. Para que isso seja possível, você tem que ser honesto e encorajar sua equipe a fazer o mesmo.

Se você não sabe como inspirar confiança na sua equipe, aqui vão algumas dicas que podem te ajudar:

Mostre que é apaixonado pelo que faz – Se você demonstrar paixão pelo seu trabalho, sua equipe vai retribuir com paixão. Eles precisam ver que você realmente gosta de trabalhar na empresa e que se importa com o bem-estar dos outros funcionários. Uma das melhores formas de demonstrar sua paixão é usar as mercadorias que sua empresa distribui, e também ser ativo nas redes sociais.

Compartilhe o que sabe – Você confiaria em um líder que tem pouco ou nenhum conhecimento sobre a indústria? Se quiser tornar-se um líder de confiança, você precisa mostrar à sua equipe que você tem um conhecimento técnico maior que o deles, ou, pelo menos, saber do que está falando. Os empregados tendem a respeitar líderes que realmente trabalharam para ir subindo na hierarquia corporativa, em vez de alguém que foi nomeado à posição sem nenhuma experiência ou conhecimento prévio.

Seja fiel à sua palavra – Pode ser tentador prometer coisas grandiosas à sua equipe para levantar os ânimos, mas tenha certeza de que você vai poder cumprir as suas promessas quando chegar a hora. É praticamente impossível reconquistar a confiança da equipe depois de não cumprir até mesmo uma pequena promessa que seja.

Confie na sua equipe – Se quer que eles confiem em você, confie neles também. Você pode demonstrar sua confiança à equipe não pensando duas vezes quanto às decisões deles e estando aberto a sugestões. Lembre-se que seu maior objetivo em se tornar um bom líder é ajudar sua equipe a ser a melhor possível; se sua equipe é bem-sucedida, as conquistas dela irão refletir em você também.

Capítulo 6 – Aprenda a ser mais criativo

Haverá momentos em que você terá que pensar fora da caixa para ter soluções criativas. Nem tudo é preto e branco, sempre haverá tempos em que você irá encontrar problemas que não tinha visto antes, para os quais você não tem nenhuma solução preparada. Se você é o tipo de líder que não foge de resolver problemas de maneiras incomuns, então você não irá somente impressionar sua equipe, como também irá inspirar o pensamento criativo dela.

Caso você não seja a pessoa mais criativa da sua empresa, não precisa se preocupar muito, porque é possível treinar o pensamento fora da caixa. Aqui estão algumas coisas que você pode tentar para aumentar seu pensamento criativo:

Colabore com sua equipe – Sessões de brainstorming são ótimas, porque outras pessoas contribuem dando ideias novas e empolgantes. Não seja o tipo de líder que pensa que suas ideias são as melhores.

Seja mais receptivo aos pensamentos alheios, e pode ser que você aprenda algo novo.

Não obrigue que as ideias criativas apareçam – A criatividade vem naturalmente se a sua mente não está cheia de pensamentos estressantes. Relaxe e apenas deixe sua mente vaguear um pouco; em certo ponto, você terá uma ideia que pode funcionar.

Não tenha medo de recomeçar – Às vezes você não consegue evitar uma situação desagradável, e não quer nem pensar em recuar por ter medo de perder todo o progresso que fez até aqui. Entretanto, as coisas poderiam acontecer de um jeito diferente se você recomeçasse e mudasse o modo como fez algumas coisas.

Peça o discernimento de outra pessoa – Talvez a razão de você não conseguir pensar em uma solução válida para seu problema é porque você está muito próximo dele; assim, suas próprias tendências atrapalham a busca pela resposta correta. Quando isso acontecer, peça conselho a alguém que não esteja na sua equipe. Às vezes, só é preciso olhos novos olhando de uma outra perspectiva para achar as soluções certas.

Faça uma lista das piores ideias que já teve – Não estou dizendo para implementá-las. O desafio aqui é achar os pontos válidos nelas. Mesmo que sejam as piores de todas as suas ideias, elas tinham algum mérito que possa ser considerado em primeiro lugar. Durante esse exercício, pode ser que você encontre uma solução que não encontraria de outra forma.

Líderes criativos não são apenas divertidos, mas também inspiram as suas equipes a pensarem da mesma forma, o que leva a várias ideias incomuns e talvez sem fundo, mas que ainda assim são válidas. Livre-se do pensamento de que só há um jeito de fazer as coisas; sempre tem uma alternativa na qual você apenas não pensou ainda.

Capítulo 7 – Aprenda a dar feedback

Um bom líder deve sempre procurar oportunidades de dar feedback à sua equipe quanto ao seu desempenho, seja ele bom ou ruim. Uma coisa que você precisa saber é que existe uma linha tênue entre dar feedback e tentar resolver tudo por conta própria. Críticas construtivas sempre irão ajudar sua equipe a melhorar e ainda assim permitir que possam tomar suas próprias decisões, enquanto querer resolver tudo do seu jeito é tratá-los como ferramentas em vez de pessoas.

Aqui vão algumas dicas de como dar feedback que realmente os ajude a trabalhar melhor:

Dê assim que for preciso – Se você precisar dar feedback à sua equipe, não espere até a reunião semanal para informá-los sobre o desempenho deles. Assim, sua equipe saberá imediatamente o que precisam fazer para melhorar e não ficarão constantemente sentindo-se inseguros.

Seja específico – Um simples "bom trabalho" pode parecer suficiente, mas se complementar mencionando exatamente o que sua equipe fez bem, isso trará mais benefícios. Isso também vai ajudar quando for necessário dar algum feedback negativo, porque sua equipe vai saber que estão fazendo errado e corrigir isso o mais rápido possível.

Não seja implicante – Não dê feedback negativo só porque sua equipe não está fazendo as coisas como você faria. Aprenda a deixar de lado errinhos bobos e insignificantes.

Relaxe antes de dar feedback – Foi mencionado acima que é necessário dar o feedback assim que for preciso, mas você não deve fazer isso quando suas emoções estiverem à flor da pele. Se algo que sua equipe fez desencadeou alguma reação negativa em você, afaste-se e relaxe antes de dizer qualquer coisa.

Foque mais no positivo – Um feedback negativo contínuo afetará sua equipe de forma negativa. Se parece que você sempre acha erros em tudo o que eles fazem, eles vão achar que nada é suficiente para você e isso os deixará menos motivados para trabalhar, porque acreditam que o resultado vai ser sempre o mesmo. Em vez de ficar implicando, procure achar a menor das coisas positivas no desempenho da sua equipe e os parabenize por ela.

Ouça o lado da história deles – Após dar o feedback negativo, pergunte à sua equipe porque eles acham que aquilo aconteceu. Não culpe alguém imediatamente; ouça o lado da história daquela pessoa antes de chegar a qualquer conclusão.

Peça que sua equipe também te dê feedback – Isso lhes permitirá um relacionamento mais aberto. Sua equipe sentirá que você é como eles, e que não se vê em uma posição mais elevada.

Dar e receber feedback é essencial porque assim você garante dizer à sua equipe o que espera dela, ao passo que descobre as coisas que eles podem esperar de você.

Um bom líder é alguém que sabe como dar feedback e também como recebê-lo.

Capítulo 8 – Aprenda a ser mais responsável

Se você é um líder, você é responsável pelo sucesso ou pelo fracasso de sua equipe. É por isso que você precisa assumir a culpa quando as coisas não estiverem indo de acordo com o planejado. Você não vai ter moral com sua equipe se nunca assumir a culpa e sempre tentar se mostrar "perfeito". Em vez de colocar a culpa em outra pessoa, aceite-a sinceramente e comece a procurar soluções.

Outra maneira de mostrar à sua equipe que você é responsável é fazendo a sua parte nas tarefas da equipe. Não espere que sua equipe trabalhe duro nas tarefas se nem você trabalha nas suas.

É necessário também se esforçar para desenvolver suas próprias habilidades o máximo que puder. Você precisa estar sempre aprendendo sobre a indústria para que possa trabalhar melhor. Além disso, esforce-se também para desenvolver novas habilidades que ajudarão você e a sua equipe a atingirem seus objetivos.

Capítulo 9 – Aprenda a se comprometer

Um bom líder vai adiante com tudo aquilo que concordou em fazer. Se você pretende atingir um objetivo em especial em determinado prazo, então é necessário estar disposto a trabalhar fora do horário normal. Quando sua equipe vê que você está comprometido com o trabalho, os funcionários seguirão o seu exemplo. Além disso, quando prometer alguma recompensa quando sua equipe atingir uma meta, você deve sempre cumpri-la. Não espere que sua equipe seja comprometida se você não é.

Um dos maiores benefícios de mostrar comprometimento é a recíproca da sua equipe. Se eles podem confiar que você cumprirá tudo o que disse, sem questionamentos, eles mostrarão o mesmo comprometimento com você. E então você poderá confiar que eles não deixarão de cumprir o que te prometeram; é um ciclo sem fim.

Capítulo 10 – Aprenda a ser mais adaptável

Como disse o cientista e biólogo inglês Charles Darwin, "Não é o mais forte que sobrevive, nem o mais inteligente, mas o que melhor se adapta às mudanças". No mundo de hoje, não há nada constante em indústria alguma. Sempre haverá coisas inesperadas acontecendo de quando em quando. Você, como líder, precisa se adaptar para reagir à mudanças quandoelas aparecerem no seu caminho. Sua equipe ficará feliz em ver que você sabe o que fazer quando um problema surge, em vez de surtar e deixá-los lidar com ele sozinhos.

Embora ser adaptável quer dizer que você precisará aprender a se ajustar prontamente quando for preciso, não é algo impossível de aprender. Aqui estão algumas dicas de como treinar a si mesmo e à sua equipe para serem mais adaptáveis de modo profissional:

Deixe todos jogarem de acordo com as mesmas regras – Independentemente de sua equipe ser composta na maioria por homens, mulheres, casados ou solteiros, todo mundo, incluindo você, deve respeitar as mesmas regras e ter direito às mesmas liberdades também. Por exemplo, a maioria das empresas permite que os funcionários que têm filhos saiam antes do que os outros do trabalho, já que precisam pegar as crianças na escola, mas o que está errado nesse cenário é que espera-se que os empregados solteiros fiquem até que o relógio bata as cinco horas, ou até mais tarde, simplesmente porque "eles podem". Esse tipo de benefício não deveria ser dado a apenas uma parte da equipe. Sempre haverá vezes em que um funcionário solteiro precisará sair antes do normal, e você não deve impedi-lo de fazê-lo.

Incentive sua equipe a participar de atividades fora do trabalho – É importante encorajar sua equipe a manter um equilíbrio saudável de vida de trabalho. Na maior parte do tempo, as pessoas fazem outras atividades para recarregarem a energia para trabalhar, e você, como líder, deve incentivar esse tipo de atitude. Se você perceber que um dos seus funcionários não está se divertindo no trabalho, pergunte se há algo de errado e se tem alguma forma de ajudá-lo.

Dê à sua equipe um tempo para pensar – Independentemente de você precisar deles aqui ou ali, dê aos membros da sua equipe um pouco de tempo para que possam organizar os pensamentos antes deles falarem para você. Sabe como, de alguma forma, as melhores ideias sempre surgem quando você está no banho? É basicamente a mesma coisa: você está permitindo que sua equipe tenha ideias por conta própria, sem nenhuma pressão.

Adaptabilidade no ambiente de trabalho é um dos traços mais importantes de um líder. Se você é pego de surpresa por um problema e seu cérebro simplesmente se fecha, você não está somente passando uma má impressão, mas também colocando em risco aqueles que trabalham para você.

Conclusão

Obrigado novamente por ter baixado este livro!

Espero que tenha te ajudado a se tornar o tipo de líder que sempre quis ser. Saiba que levará um certo tempo até que todas as lições que você aprendeu aqui gerem resultado, mas continue praticando que você vai chegar lá.

O próximo passo é colocar imediatamente em prática tudo o que você aprendeu neste livro. Não hesite em começar a implementar os passos para se tornar um bom líder, porque não há momento melhor do que o agora.

Obrigado e boa sorte!

Parte 2

Introdução

Quero agradecer-lhe e felicitá-lo por ter baixado o livro.

Este livro contém passos comprovados e estratégias de como se tornar num ótimo líder tanto no trabalho como em casa.

Já alguma vez se perguntou porque é que algumas pessoas parecem ter um talento natural para influenciar os outros e levá-los a seguirem-no sem grandes sugestões? A razão não é demasiado rebuscada: estas pessoas aprenderam e dominaram a habilidade da liderança eficaz.

Líderes eficazes reservam um tempo para aprenderam os atributos de um bom líder, aplicam o que aprendem e continuam a aprender de modo a continuarem a melhorar a sua perspicácia na liderança. Todo o líder bom e eficaz deve ter certas características. O que determina a sua eficácia como líder é a sua habilidade para aproveitar essas características e fazer mudanças positivas nas vidas das pessoas que lidera.

Este livro irá ensiná-lo o que implica a liderança eficaz, os atributos de cada líder eficaz, assim como melhorar as suas próprias competências de liderança.

Mais uma vez obrigado por baixar este livro. Espero que goste!

Iniciação à Liderança: Compreender a Liderança

Antes de começarmos a ver as estratégias executáveis e dicas que pode utilizar para se tornar um líder eficaz com a capacidade de influenciar outros, o nosso primeiro passo deve ser entender o que é realmente a liderança. Uma vez compreendido o que é a liderança, as estratégias e dicas discutidas irão fazer sentido.

Liderança é um tema bastante incompreendido. Na verdade, a maioria das pessoas pensa que liderança é sobre superioridade e domínio, e sim, liderança através da força existe, mas não é sustentável, ética ou respeitável. O que iremos discutir neste livro é como desenvolver as qualidades de um líder que as pessoas irão respeitar e irão QUERER seguir naturalmente.

Há por aí muitos ótimos gurus que conseguem abordar em grande pormenor todas as formas de como pode ser um grande líder, e eu encorajo-o a fazer da aprendizagem um empreendimento para toda a vida e a ler o mais que puder sobre qualquer tópico que seja do seu interesse, incluindo o tópico da liderança. Contudo, neste guia, vamos dar-lhe uma versão de guia de estudo de como ser um líder eficaz. Não deixe que a brevidade deste livro o engane; a informação contida nestas páginas, se aplicada consistentemente, pode mudar a sua posição para a de um líder dentro de qualquer dinâmica de grupo.

Quem é Líder?

Contrariamente à crença popular, um líder é sobre muito mais que ter uma posição de topo dentro de uma organização ou ser a pessoa que dá as ordens. É possível ocupar uma posição de autoridade e mesmo assim faltar a confiança, a experiência e a personalidade para inspirar e influenciar outros a cooperarem de bom grado para levarem um objetivo comum a uma conclusão.

Quem é então um líder? Um líder é alguém que é verdadeiro no seu mundo. Um líder é engenhoso, justo e compreensivo. Um verdadeiro líder nunca pediria a alguém para fazer algo que o próprio não o fizesse. Um líder vê quando algo precisa de ser feito e fá-lo sem ser pedido. Um líder está constantemente a aprender e a partilhar conhecimento. Um líder é compreensivo e encorajador para com os outros. Um líder vai à guerra com a sua equipa, assume responsabilidades pelos fracassos da equipa, e dá crédito à sua equipa pelas vitórias. Um líder é alguém cujas palavras, ações, e linguagem corporal têm uma influência positiva nos outros ao ponto de se sentirem compelidos a darem o seu melhor mas manter as coisas a funcionar.

Quando se esforça por alcançar as qualidades listadas acima, as pessoas irão QUERER segui-lo naturalmente. Quando utiliza a liderança pela força, os seus seguidores não o respeitam, a produtividade será mínima e a dinâmica de trabalho é desagradável. Na verdade, isto não é liderança, é ser patrão. Por isso, se a liderança duradoura, baseada no respeito e crença nos outros, é aquilo que procura, continue a ler.

Eu sei que os traços de personalidade necessários para ser um bom líder parecem ser uma tarefa difícil de satisfazer, mas não se preocupe; com a prática, tudo se tornará uma coisa natural. NUNCA é tarde demais para começar a ser a pessoa que você QUER ser. O que apresentamos para o mundo exterior é toda uma personagem que críamos de nós próprios baseada no nosso ambiente, crescimento, educação, autoestima, princípios e crenças. Assim que estiver ciente disso, pode iniciar o processo de criar novas crenças e princípios e mudar o tipo de personalidade que possui.

Agora que compreende melhor o que é preciso para ser um líder, vamos um pouco mais fundo sobre a forma de desenvolver e implementar essas qualidades e características.

Construir os Atributos de um Líder Eficaz

O que o define como um líder eficaz são os seus atributos. Nunca nenhum homem/mulher foi bem sucedido em qualquer posição de liderança, seja eleito ou nomeado, sem os atributos que irmos abordar em breve.

A seguir estão os atributos de liderança de que necessita antes de ter a confiança para liderar ou influenciar outros:

Viver com Integridade

Comportar-se com integridade (mesmo quando não está a ser observado) é o componente basilar em ser um grande líder. Integridade é a sua capacidade para manter a honestidade e a igualdade em todas as suas relações com superiores, subordinados, semelhantes, clientes, concorrentes, funcionários públicos, etc. A integridade é sem dúvida um dos atributos mais influentes de que necessita como líder independentemente da posição que detém atualmente. Quer esteja no topo ou no fundo da hierarquia da empresa, uma reputação de integridade irá ser-lhe sempre útil a longo prazo.

Uma pessoa íntegra não aceita subornos nem mistura negócios com prazer. Não há necessidade de analisar uma lista do que está certo ou errado porque já o sabemos. O que separa aqueles com integridade dos que carecem desta qualidade, é que o íntegro irá sempre optar pelo que está correto. Mesmo que seja a decisão mais difícil. Mesmo que seja uma decisão acompanhada de consequências (pense em Maximus no filme "O Gladiador").

O mundo de um líder é sempre impecável, diz o que pensa e faz o que diz. As pessoas sentem que podem confiar em si porque essa é a reputação que construiu para si.

Um líder não se envolve em boatos de escritório e em vez disso irá tentar travar tais comportamentos destrutivos dentro do grupo.

Como líder, a pior coisa que lhe pode acontecer é uma perda de integridade porque esta é o alicerce de ser um bom líder. Se não tem integridade e as pessoas sentem que não podem confiar em si então será difícil influenciar ou organizar qualquer grupo de pessoas.

Dica de Liderança #1 Deixe que a sua palavra seja o vínculo em todas as situações e comece a construir a sua reputação por ser a pessoa em que os outros confiam e com quem contam. Isto significa ser honesto e justo em todas as situações, fazer o que diz, na hora certa.

Dica de Liderança #2 Não se envolva em comportamento negativo, e se puder, tente impedir outros que se estão a envolver em comportamento negativo (desde que não se coloque em perigo ao fazê-lo)

Assumir Responsabilidades

Um líder nunca atribui a culpa quando as coisas correm mal. Nunca se tornará um líder eficaz e respeitado se não consegue assumir a culpa quando as coisas não se desenrolam como planeado.

Um líder irá ver o fracasso como uma oportunidade de aprender e de se tornar um líder melhor para que o fracasso não volte a acontecer.

Dica de Liderança #3 Assuma os seus próprios erros. Na maioria dos casos se mostrar vontade de aprender com o seu erro, será mais respeitado do que se arranjar desculpas para o fracasso, ou pior, tentar culpar outra pessoa. Quando se é líder de uma equipa, a importância de assumir responsabilidade de um fracasso aumenta, pois uma equipa só é tão boa quanto o seu líder, por isso descartar-se da culpa irá apenas servir para confirmar as suas fracas competências de liderança.

Ter Objetivos e Planos Definidos

Todos os grandes líderes têm grandes planos! É importante ter objetivos bem definidos para si se quer ver o máximo de sucesso no menor espaço de tempo. Como pretende liderar se não sabe para onde vai? Como pode uma equipa ser eficaz sem um objetivo claro?

Dica de Liderança #4 Anote os seus objetivos. Se ainda não é um líder dentro da sua organização mas gostaria de ser, então anotar os seus objetivos profissionais irá demonstrar ao seu superior que está focado, motivado e que já possui alguns qualidades de liderança.

Se já está numa posição de liderança e não tem objetivos bem definidos e documentados para si e para a sua equipa então faça-o o mais depressa possível.

Partilhe os seus objetivos com a sua equipa e encoraje-a a fazer o mesmo. Certifique-se que motiva a sua equipa a incluir quaisquer objetivos de desenvolvimento profissional que gostariam de alcançar. Os objetivos da sua equipa não devem ser todos sobre como servi-lo a si e à empresa, porque para que a liderança seja duradoura e eficaz, devem existir benefícios para todos os envolvidos. Seja determinante ao ajudar os seus companheiros de equipa a alcançar os seus próprios objetivos sempre que puder. Quando a sua equipa vê que também se interessa com o bem-estar deles, eles também serão mais suscetíveis de alegremente darem de si mesmos para o ajudar a alcançar o seu objetivo. Em muitos casos, eles irão dar MAIS do que você espera.

Ter objetivos bem definidos e anotados dará à sua equipa confiança nas suas capacidades para liderar porque mostrará que você sabe para onde vai. Contudo, saber para onde vai não é suficiente, também deve saber como chegar lá. É aqui que entra o planeamento.

Dica de Liderança #5 Crie um plano. Assim que souber qual é o objetivo, deve colocar em prática um plano com medidas válidas de como alcançar esses objetivos.

Os planos dizem o que deve estar a fazer a qualquer momento por isso o tempo não é desperdiçado. Definir e acompanhar os planos em direção aos seus objetivos irão permitir-lhe medir o seu progresso e dizer-lhe o que tem funcionado e o que não tem, permitindo-lhe ajustar os planos de acordo. Como se costuma dizer, "o que é avaliado, melhora".

A chave para estabelecer objetivos é ser preciso; não diga apenas que quer aumentar as vendas, diga quanto e depois escreva passo a passo como alcançará esse objetivo e tome medidas todos os dias.

Como líder, talvez queira encorajar a sua equipa oferecendo incentivos por atingir certas metas dentro dos planos.

Ser Respeitador

Na liderança, a importância do respeito é algo que não podemos deixar de sublinhar. Se quer respeito, deve dar respeito. As pessoas que se sentem respeitadas são mais propícias a segui-lo de boa vontade. Se não conseguem encontrar nada que respeitem em si, torna-se difícil influenciá-los para que o sigam.

Infelizmente, grande parte daqueles que estão em posições de liderança julgam que eles são os únicos merecedores de respeito simplesmente porque ocupam certas posições. Esta é uma razão pela qual alguns líderes não conseguem que aqueles que lideram trabalhem na sua máxima capacidade.

Dica de liderança #6 Mostre algum respeito. O respeito é recíproco. Como líder, aprenda a respeitar e a adaptar-se às diferenças individuais das pessoas que o rodeiam. Apresente divergências de opiniões ideológicas, religiosas e políticas com delicadeza e compaixão e será um líder respeitado. Quando as pessoas se sentem indivíduos valorizados a sua dedicação a si será reforçada.

Ser Recetivo

Como líder, deve estar aberto a novas ideias, a aprender, e ao conhecimento.

Uma única árvore não faz a floresta. Assim sendo, deve estar aberto a conselhos, retificações, sugestões e dicas de pessoas que o rodeiam. Se se torna no tipo de líder que acredita que tem tudo o que necessita para ter sucesso sem precisar da ajuda ou ouvir a voz daqueles que lidera, está no caminho certo para o fracasso.

Dica de Liderança #7 Mantenha uma mente aberta. Os verdadeiros líderes sabem que o conhecimento pode vir de qualquer pessoa independentemente da sua posição na vida. Por isso, embora alguém possa ser seu subordinado ou com menos "educação" do que você, não significa que não possam ter algo de valor a dizer. Esteja aberto a sugestões de outros (especialmente daqueles que lidera) e será visto como um homem mais sensato e dado muito mais respeito do que se pensar que sabe tudo e recusar as ideias de todos simplesmente porque não são as suas. Pode ser um especialista na sua área, mas um colega mais jovem que você lidera pode ser mais em algo sobre o qual você nada sabe.

Ser Apaixonado

Nada alimenta mais rapidamente o sucesso do que uma paixão eterna. Como líder, é preciso ser-se apaixonado pelos objetivos que estabeleceu: o sucesso e a liderança eficaz assim o exigem.

Ser apaixonado sobre o que faz irá ajudá-lo a aumentar o seu nível de compromisso a qualquer projeto que assuma. A paixão aumenta o seu entusiasmo. Os líderes entusiásticos têm o carisma necessário para colocar os membros da sua equipa em acesa perseguição de objetivos comuns.

Dica de Liderança #8 Seja apaixonado e propague a paixão. Quando estabelece objetivos é muito mais fácil ser-se apaixonado pelo trabalho. Encarne essa paixão todos os dias e seja a inspiração para aqueles que o rodeiam. Ajude os outros a encontrar a paixão no seu trabalho certificando-se de que todos sabem que o seu trabalho é essencial para o bom funcionamento da empresa. Muitas vezes os funcionários perdem noção do panorama geral e começam a sentir-se desvalorizados. Quando todos estão em sintonia em relação ao quanto se esforçam para cumprir e qual o papel que a sua posição desempenha para atingir esse objetivo, as pessoas podem voltar a sentir orgulho no seu trabalho.

É seu dever como líder lembrar a sua equipa do papel vital que eles desempenham dentro da organização. Mostre apreço e comporte-se com um ar de entusiasmo e estará mais apto para reacender o amor pelo trabalho na sua equipa.

Se não se consegue entusiasmar e apaixonar pelo seu emprego, quer esteja numa posição de liderança ou não, então talvez seja altura de considerar uma mudança de carreira. Se não ama aquilo pelo que trabalha, será difícil inspirar outros a trabalhar para si.

Ser um Bom Comunicador

Se não consegue comunicar de forma eficaz, será quase impossível para si ter um impacto positivo duradouro nas vidas daqueles que lidera. A comunicação não se trata apenas de saber o que dizer na altura certa, também envolve compreender a linguagem corporal dos seus seguidores e aprender a comunicar utilizando a sua própria linguagem corporal.

Outro aspeto da comunicação que necessita de aperfeiçoar para reforçar a sua eficácia como líder é a sua capacidade de ouvir. Os bons líderes são bons ouvintes; por essa razão, não deve menosprezar a importância de dar sempre aos seus seguidores a devida atenção.

Dica de Liderança #9 Esforce-se por ser um bom comunicador. Ouça as pessoas, faça perguntas sobre o que acabou de ouvir para mostrar que entendeu, peça para esclarecer se algo não é claro e leia a linguagem corporal para que possa ler a outra pessoa e o que esta poderá estar a sentir e adapte-se de acordo.

Ser Disciplinado

Como líder, deve trabalhar no duro para adquirir este atributo muito importante. Um verdadeiro líder irá liderar sempre dando o exemplo. Como líder eficaz em formação, deve viver sempre de forma que as pessoas possam sempre vê-lo como um exemplo mesmo quando está fora do ambiente de trabalho. Um verdadeiro líder é algo que você é, não é algo que possa despertar 8 horas por dia enquanto está no emprego.

Pode ser ótimo no seu trabalho mas se anda podre de bêbado aos fins de semana, ou a envolver-se em atividades duvidosas, irá comprometer seriamente a sua credibilidade e irá provavelmente custar-lhe muitas oportunidades e respeito de outros, que são essenciais para uma liderança eficaz.

Dica de Liderança #10 Seja um exemplo. Ter autocontrolo é o mesmo que ser disciplinado. Ter controlo sobre as suas emoções e ações. Como líder não deve perder as estribeiras, berrando ou rebaixando as pessoas, ou entregar-se a vícios que não quereria que os membros da sua equipa se entregassem. Deve lidar todas as situações com elegância, calma e lógica se se quer comportar como um líder que os outros respeitam. Se nem sequer se consegue controlar como é que quer ser capaz de liderar os outros?

E se a sua disciplina se estender às áreas da saúde e da boa forma física melhor. Irá apenas servir para fortalecer a sua imagem como uma pessoa de padrões elevados, disciplina e respeito. Quando se respeita a si mesmo aumentam as hipóteses de que os outros o respeitem e o admirem, e assim sigam o seu exemplo.

Valorizar o Tempo

Todo o grande líder compreende a importância do tempo. Não pode influenciar positivamente as pessoas à sua volta se está sempre desorganizado e não cumpre com os prazos. As pessoas mais bem sucedidas sabem que o tempo é mais valioso que o dinheiro porque sabem que o dinheiro entra e sai, mas o tempo não pode ser recuperado, por isso é importante aproveitá-lo ao máximo. Costuma sentir que o dia não tem horas que cheguem?Bem, provavelmente é porque não organiza o seu tempo de forma eficiente.

Dica de Liderança # 11 Dê o exemplo no que toca à gestão do tempo.

Utilize a sua agenda inteligentemente (supondo que tem uma agenda e se não tiver, À COMPRAR UMA JÁ!). Os objetivos devem ser divididos em prazos de um ano, 3 meses e um mês e depois ser ainda mais dividido quando planeia as suas semanas e os seus dias. Aproveite a noite anterior para anotar na sua agenda o que quer concretizar no dia seguinte. Depois vá atribuindo tempo para completar as diferentes tarefas desse dia.

Dica de Liderança #12 Não tente fazer várias coisas ao mesmo tempo. Pode parecer que está a conseguir fazer mais mas na verdade não está, além disso, não está a dar atenção de qualidade e propósito à tarefa em mãos quando está a fazer várias coisas ao mesmo tempo.

Chegue mesmo a atribuir tempo duas vezes por dia a responder a e-mails e chamadas telefónicas, em vez de se permitir ser interrompido a cada toque do telefone ou a cada aviso do seu e-mail.

Claro, também deve ser flexível para o caso de surgir uma verdadeira emergência, mas na maioria dos casos, deve cingir-se ao seu horário. Quando o fizer, verá quão produtivo é o seu dia e quanto mais tempo parece surgir miraculosamente, comparado com quando estava apenas "a ir com a corrente" e a ser reativo a coisas que surgiam.

Ser um Visionário

Não irá muito longe na escada da liderança se não tiver uma visão para as pessoas que lidera. Todo o líder eficaz é um visionário. É opinião geral que a visão é uma das coisas mais influentes que separa os bons líderes dos ótimos.

Os seus objetivos devem ser baseados na sua visão. A visão é o grande panorama completo que quer ver acontecer, é a razão para os seus objetivos. A visão é o 'porquê' dos seus objetivos. Com a visão, os seus objetivos e metas tornam-se mais vívidos e concretos. A visão atua como uma força interior que o faz avançar sempre. Para as pessoas que lidera, uma visão clara é um forte motivador. Um líder sem visão é apenas um membro da equipa favorecido: a liderança é muito mais que isso.

Dica de Liderança #13 Seja um visionário. Aprenda tudo o que possa sobre a sua organização (ou o que quer que seja em que quer ser visionário). Depois estude outras organizações semelhantes e como elas agem. De seguida comece a pensar em formas em que a sua própria organização pode ser melhor, mais produtiva, mais eficiente, mais criativa. É basicamente olhar para o futuro de uma empresa e pensar em formas de criar um futuro alternativo e mais brilhante.

Fale sempre da visão como "a" visão em vez da "minha" visão. Tem de ser entendido pela equipa que todos trabalham por um objetivo maior do que qualquer indivíduo. Se falar nela como a "sua" visão, então as pessoas tendem a sentir-se como se não fossem uma parte valiosa do grande panorama, e somo se estivessem a trabalhar apenas para o beneficiar, o que pode reduzir a produtividade no trabalho.

Visão + Paixão + Objetivos + Planos + Ação = Grande Feitos!

Nunca Parar de Aprender

Se deseja impor respeito naqueles que lidera, certifique-se que é um perito na sua posição. Mantenha-se a par de todos os desenvolvimentos recentes dentro da organização. Tenha algo novo que possa utilizar para influenciar positivamente as vidas daqueles que lidera. Assim que achar que sabe tudo o que há para saber sobre a sua empresa ou sobre como ser um bom líder no geral começa a perder toda a sua credibilidade como líder.

Dica de Liderança #14 Saiba o que faz. Aprenda tudo o que puder sobre a sua posição, conheça o seu emprego por dentro e por fora; Saber o que faz não devia estar somente relacionado com o seu campo mas apenas incluir formas de como se tornar num líder melhor. Quanto melhor líder for, funcionários mais desenvolvidos irá ter. Funcionários bem desenvolvidos são mais eficientes e simplesmente fazem melhor trabalho.

Leia livros, participe em seminários, siga sites e blogs de liderança, ouça, siga os passos de um mentor. Nunca pare de aprender, especialmente no tópico sobre como ser um líder melhor porque esse conhecimento será útil em QUALQUER campo.

Assim que cultivar estas qualidades de liderança, está no bom caminho para se tornar num ótimo líder.

Com isso em mente, iremos procurar formas de influenciar mudanças positivas nas vidas das pessoas que lidera para que os ajude a ganhar confiança e os prepare para os seus próprios papéis como líderes caso seja esse um dos seus objetivos.

Preparar os Seus Seguidores para o Sucesso

Uma afirmação que não podia ser mais verdade:'A liderança é sobre criar mais bons líderes'.

Desenvolver Autoconfiança nos Outros

Uma forma de 'criar' bons líderes é desenvolver a sua autoconfiança. Se já está num papel de liderança então esperamos que já tenha autoconfiança. Se foi lançado para esse papel sem preparação e com falta de uma quantidade adequada de confiança então é importante que comece a desenvolver esta qualidade dentro de si. Mas assumindo que já é uma pessoa confiante e simplesmente quer saber como ser um líder melhor, então deve trabalhar no desenvolvimento da confiança dos outros.

Dica de Liderança #15 Formas de desenvolver a confiança nos outros:

• Dar mais responsabilidades

• Elogiar por um trabalho bem feito

• Concentrar-se nos pontos fortes de cada um

• Dar a um membro da equipa a hipótese de ensinar alguém

• Ser encorajador e ensinar aos membros da equipa como ver um "fracasso" como uma ferramenta de aprendizagem

• Oferecer orientação

Estas são algumas das formas com que pode ajudar os membros da equipa a desenvolverem a confiança. A chave é não preparar a sua equipa para o fracasso; seja claro naquilo que quer que entreguem, certifique-se que fez o seu trabalho como líder e transmita o conhecimento necessário que os membros da sua equipa precisam para estarem preparados para assumirem novas responsabilidades e desafios.

Ensinar as Pessoas a Trabalhar em Equipa

Quando está numa posição de liderança onde a cooperação da sua equipa é necessária para alcançar objetivos organizacionais em comum, deve ter a certeza que a sua equipa sabe trabalhar em equipa. Se não souberem, cabe-lhe a si como líder ensiná-los a como trabalhar em equipa.

Dica de Liderança #16 Como ensinar outros a trabalhar em equipa:

• Fale abertamente com a sua equipa sobre a importância de trabalhar em equipa. Pode surpreender-se com a quantidade de pessoas que não querem trabalhar em equipa e não vêm vantagens nisso.

• Lembre a equipa da visão para a qual estão todos a trabalhar

• Tenha prazos claros para o trabalho que atribui à sua equipa

• Tenha papéis claramente definidos para cada pessoa dentro da sua equipa

• Trate cada pessoa individualmente, tenha em atenção as diferentes personalidades dentro da equipa e use isso para tentar criar equipas que trabalhem bem juntas e para atribuir o melhor papel a cada pessoa dentro da família

• Acompanhe uma vez por semana (ou outro intervalo que funcione para si) para abordar preocupações sobre o trabalho a ser feito dentro da equipa.

• Elogie pelos trabalhos bem feitos

• Planeie atividades de reforço do espírito de equipa; um divertimento dentro ou fora do escritório pode fazer maravilhas a desenvolver uma equipa mais forte.

Nunca cometa o erro de tentar forçar pessoas cujas opiniões chocam sempre, e que não concordam em nada, a trabalhar juntas. É apenas uma coisa natural: nem todos se dão bem uns com os outros.

Quando formar as suas equipas, agrupe as pessoas que se encorajam e fazem sobressair o melhor em cada um para trabalhar como colegas de equipa. Desta forma, vão querer sempre provar algo às outras equipas. Ao fazer isto, pode criar uma competição saudável no trabalho, especialmente quando está a liderar uma organização que lida com volume de negócios e resultados.

Deixe as equipas escolher os seus líderes: Não há nada de errado em nomear líderes de equipa para as equipas que cria. Contudo, para cimentar o espírito de equipa e tornar as equipas mais eficazes, deixe cada equipa nomear os seus próprios líderes de equipa.

Os membros da equipa provavelmente conhecem os pontos fortes e fracos uns dos outros mais do que você e devem ser capazes de fazer escolhas informadas sobre quem está melhor equipado e capaz para os liderar.

Estabeleça metas regulares: As equipas devem ter sempre objetivos: algo pelo qual trabalhem. Sendo assim, estabeleça pequenos prazos para cada equipa. Desta forma, os seus seguidores irão ganhar confiança a cada etapa que alcancem.

As metas são uma forma de fazer sobressair o melhor em cada pessoa, especialmente quando os membros sabem que têm toda a equipa a contar com eles para ajudar a alcançar as metas.

Ofereça incentivos: Os incentivos funcionam como um motivador extra para as equipas. Objetivos e metas tornam-se maus atrativos quando há um prémio para cada proeza alcançada.

Veja os membros da sua equipa a fazerem horas extra alegremente para alcançar um objetivo com um incentivo atrativo associado.

Pode até ir um passo mais além e ter um incentivo para a equipa vencedora e um prémio para o melhor membro da equipa.

Seguindo estes passos irá garantir que cada pessoa que lidera aprende como contribuir significativamente numa equipa e a trabalhar em direção a alcançar objetivos comuns.

Tratar Todos com Respeito

Sim, já abordamos antes o ter respeito mas é especialmente importante no contexto de desenvolver confiança e trabalho de equipa dentro da sua equipa então achei que seria merecedor mencioná-lo de novo.

Até chegar a um ponto onde reconhece o facto de que cada membro da sua equipa tem valor, merece respeito, amabilidade, gentileza e compreensão, nunca será um líder influente.

Dica de Liderança #17 Como mostrar respeito aos membros da sua equipa:

• Conceda-lhes uma audiência: Permita que os membros da sua equipa tenham uma voz, mostre-lhes que valoriza os seus pensamentos e opiniões, seja igualmente compreensivo se um membro da equipa vai ter consigo com um problema pessoal como quando é um problema profissional

• Lembres-se de nomes e detalhes sobre as pessoas que lidera: Mostra-lhes que os valoriza o suficiente como indivíduos para se lembrar de coisas sobre eles -isto pode não ser viável, dependendo do tamanho da equipa que lidera, mas faça sempre o seu melhor

• Não seja aquele "líder" que se julga um semideus: Você não é demasiado bom para reconhecer TODOS dentro da sua organização com que se cruza; diga sempre olá, sorria, e troque sempre gentilezas independentemente da posição deles na sua organização

• Mostre interesse no seu bem-estar: Quando vai para além do seu dever para perguntar sobre o bem-estar da sua equipa, eles sentem-se importantes e por sua vez irão respeitá-lo mais

• Elogie e louve os esforços e conquistas dos membros da sua equipa: Nada funciona como o reforço positivo

Capacitar os seus Seguidores

Uma outra forma de influenciar duradouramente as vidas das pessoas que lidera é Capacitando-as e ajudando-as a tornarem-se mais influentes por direito próprio. Algumas das pessoas irão usar diferentes técnicas de auto-capacitação; contudo, alguns seguidores irão necessitar de ajuda personalizada e orientação para maximizar o seu potencial.

Como líder eficiente, o seu trabalho deve ser ajudar os outros a desenvolver as suas capacidades adormecidas e o seu potencial.

Dica de Liderança #18 Capacite aqueles à sua volta:

• Delegue tarefas importantes: Mostre-lhes que acredita nas suas habilidades para fazerem um bom trabalho; nunca sabe do que são capazes as pessoas até lhes dar uma oportunidade

• Procure o conselho da sua equipa e envolva-os no processo de tomar decisões tanto quanto possível: Lembre-se, alguns membros da equipa podem estar na empresa há mais tempo que você; não pense que irá perder o controlo como líder procurar o contributo deles. De facto, capacita e desenvolve a confiança dos seus seguidores para além de desenvolver as suas próprias capacidades de liderança

• Aplique os conselhos dados: O objetivo de pedir conselhos é obter ideias, ou encontrar uma forma melhor de abordar um problema que encontrou, por isso se obtiver uma boa ideia, deve de facto implementá-la; isto irá capacitar os membros da sua equipa a irem ter consigo com mais boas ideias

• Reconheça o mérito a quem o merece: Se implementar a ideia de um subordinado, dê-lhe o próprio mérito; isto desenvolve a confiança na sua equipa e também o mostra como um líder seguro o suficiente das suas próprias capacidades que não só implemente uma boa ideia de outra pessoa mas é capaz de reconhecer o mérito a quem o merece.

Desenvolver os seus Seguidores

Desenvolver e capacitar os seus seguidores andam de mãos dadas. Como líder que quer mudar o mundo à sua volta, deve procurar formas de desenvolver as pessoas que lidera e fazer sobressair o melhor delas.

Dica de Liderança #19 Como desenvolver os seus seguidores:

• Organize seminários: Nunca assuma, só porque a sua equipa está na sua posição há algum tempo, que não há coisas novas para eles aprenderem que os irá ajudar não só a fazer os seus trabalhos melhor mas ajuda-os avançar no futuro. Aprendizagem contínua também pode ajudar a manter a paixão acesa pelo emprego.

• Procure aqueles que se licenciaram em certas áreas e convide-os a incidir conhecimento nas suas pessoas. Por exemplo, traga um guru informático para conversar com a sua equipa informática sobre a mais recente aplicação da indústria. Também pode trazer um mentor de negócios para ensinar à sua equipa ética de negócios moderna, por exemplo.

• Vá mais além e traga até pessoas para falar de coisas que podem nem parecer relacionadas com o trabalho. Uma nutricionista ou especialista em manutenção física, por exemplo, ou um investidor para falar sobre o básico sobre como investir dinheiro. O que não pode esquecer é que funcionários felizes e saudáveis são funcionário mais produtivos.

Ensinar os Outros a Visar a Excelência

Como líder eficaz, é seu trabalho inspirar os seus seguidores a trabalhar no sentido de alcançar a excelência em todos os aspetos das suas vidas. Ajude os seus seguidores a compreender que a excelência dá frutos no final.

É fácil para os seus subordinados queimar etapas quando tentam fazer as coisas a tempo com os resultados a serem na melhor das hipóteses medíocres. Martele isto nos seus seguidores: a mediocridade nunca levou ninguém ao topo. Incuta o espírito de excelência ao visar você mesmo a excelência em tudo o que faz.

Dica de Liderança #20 Ensine a visar a excelência vivendo-a todos os dias:

- Tenha uma visão e objetivos
- Desenvolva novas capacidades
- Dê sem expetativas
- Ensine outros

- Explora as suas crenças limitadoras
- Voluntarie-se
- Exercite-se diariamente
- Melhore os seus pontos fortes
- Encoraje os outros
- Tenha compaixão pelos outros
- Seja justo e correto em todas as suas relações
- Ouça os outros
- Faça um trabalho sem se queixar
- Viva com paixão em tudo o que faz
- Encontre pontos fortes nos outros
- Leia textos valiosos
- Peça conselhos
- Encontre um mentor

A lista acima não tem tudo incluído. Há tantas formas de visar a excelência, melhorar-se a si próprio assim como inspirar e ser um modelo para os outros, e eu incentivo-o a encontrá-las a todas. Mas se fizer apenas algumas coisas mencionadas na lista acima, então está bem encaminhado.

Ensinar aqueles que lidera a visar a excelência irá requerer manter um padrão pessoal em tudo o que faz, comunicar e demonstrar esses padrões é vital.

Conclusão

Espero que este livro tenha demonstrado claramente que a liderança não é só sobre sentar-se no escritório do canto a desprezar os outros e a dar ordens. É sobre motivar outros a tornarem-se melhores e ajudar as pessoas à sua volta a descobrir o seu verdadeiro potencial. Basicamente desenvolve-se a si próprio como líder para que possa desenvolver outros como líderes. Ira valer o seu peso em ouro se tiver a capacidade de produzir líderes sob a sua tutelagem.

Ser um verdadeiro líder e não apenas um patrão é muito mais recompensador e dá mais frutos na forma de compensação monetária, no número e qualidade de oportunidades que lhe são apresentadas e no respeito dos outros.

Obrigado e boa sorte!

www.ingramcontent.com/pod-product-compliance
Lightning Source LLC
Chambersburg PA
CBHW071245020426
42333CB00015B/1640